NIVEL 6

PIANO Adventures®

de Nancy y Randall Faber

EL MÉTODO BÁSICO PARA PIANO

Este libro pertenece a: ______________________________

Traducido y editado por Isabel Otero Bowen,
Ana Cristina González Correa y Mauricio Ramírez

Agradecimiento a Mintcho Badev y Mario H. Bolio
Coordinador de producción: Jon Ophoff
Portada e ilustraciones: Terpstra Design, San Francisco
Grabado y tipografía: Dovetree Productions, Inc.

ISBN 978-1-61677-694-7

ÍNDICE

CINCO SECRETOS TÉCNICOS

Los cinco "secretos técnicos" del Nivel 6 se deben aprender gradualmente.
El *Libro de lecciones y teoría* de *Piano Adventures®* menciona los "secretos" uno a la vez.
Las correlaciones se muestran en la parte inferior de la página.
El profesor debe demostrar cada secreto técnico al introducirlo.

1. El primer secreto es el ALINEAMIENTO

Un buen alineamiento nos permite transmitir el peso del brazo en línea recta a través del antebrazo y la mano, hasta el nudillo y el dedo.

- Después de las notas de adorno, apóyate y balancea el peso de tu brazo en cada blanca.
- Revisa la forma de tu mano y asegúrate de tener el nudillo alto. Tu profesor te mostrará cómo hacerlo.

Ejercicio: La barra de equilibrio

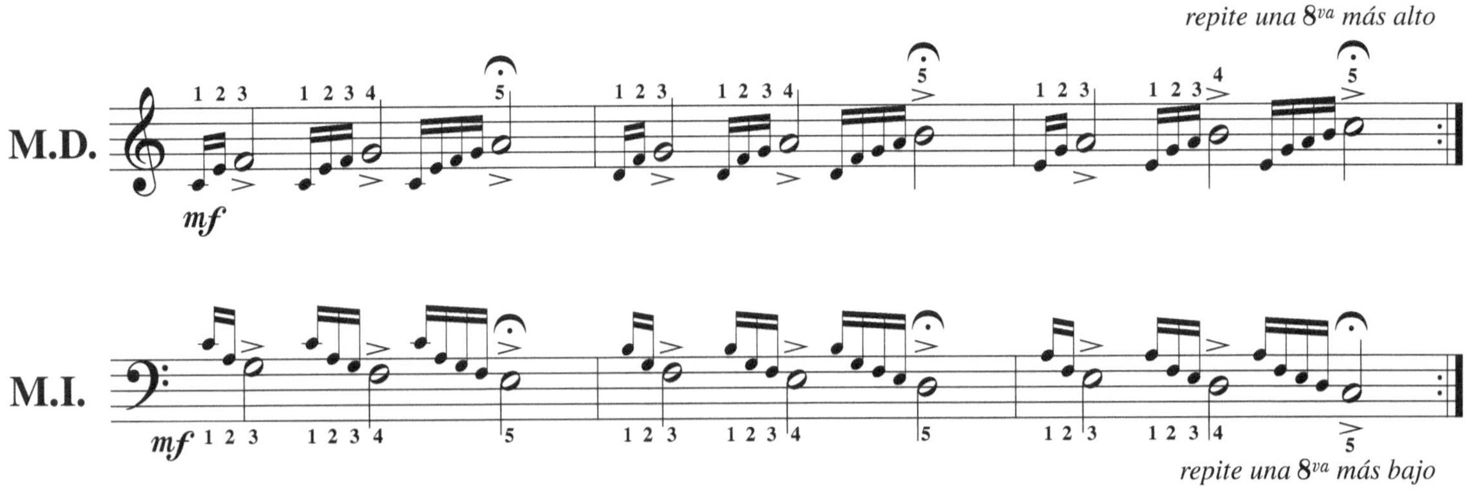

2. El segundo secreto es CAER PARA IMPULSAR

- Deja caer el peso del brazo para generar una descarga de energía y darles a los dedos el impulso necesario para tocar el patrón completo.

Ejercicio: Descarga de energía

Muy rápido (♩ = 112-132)

Sigue tocando, comenzando el patrón en MI, FA, SOL, LA, SI y DO.

Muy rápido

Sigue tocando, comenzando el patrón en DO, SI, LA, SOL, FA y MI.

Lecciones y teoría, página 4 (Marcha fúnebre), página 5 (Marcha de los soldados), páginas 6-7 (La feria medieval)

3. El tercer secreto son los CÍRCULOS DE MUÑECA

Los círculos de muñeca nos permiten trasladar el peso del brazo para lograr un buen alineamiento en cada dedo.

- Usa círculos más amplios para los ritmos más lentos y círculos más pequeños para los ritmos más rápidos.

Ejercicio: Desde la muñeca

4. El cuarto secreto es el *STACCATO* PRECISO

Un *staccato* preciso y rítmico le brindará más expresividad a tu interpretación. ¡El secreto es *escuchar*!

- Escucha y trata de dejar siempre el mismo espacio *entre* las notas.

Ejercicio: La máquina de *staccato*

Estable (♩ = 120-132)

Escucha y trata de lograr un ritmo preciso.

Repite ***piano***.

Imagina que estás abriendo con tu M.D. una cerradura con llave. Este movimiento giratorio de ida y vuelta se llama *rotación*.

- Toca este ejercicio primero lentamente, luego rápido.

5. El quinto secreto es la ROTACIÓN

Ejercicio: Gira la llave

Rápido (♩ = 120-144) *¡Tócalo 3 veces!*

Rápido *¡Tócalo 3 veces!*

Lecciones y teoría, páginas 8-9 (Canción de la India), páginas 10-11 (*New Orleans, 1928*), páginas 16-17 (Las campanas distantes)

Secreto técnico 1:

Alineamiento

Calentamiento: *La barra de equilibrio* (página 4).

Haz una carpa de acampar

- Al pasar del dedo 5 al dedo 3 equilibra el peso del brazo en una línea recta a través del antebrazo, la mano y el nudillo, sobre la punta del dedo.
- Aprende el ejercicio y toca de memoria.

Presiona el pedal durante todo el ejercicio.

Secreto técnico 2:
Caer para impulsar

Calentamiento: *Descarga de energía* (página 4).

La locomotora

- Usa la nota acentuada para impulsar cada patrón.
- Toca de memoria.

Secreto técnico 3:
Círculos de muñeca

Calentamiento: *Desde la muñeca* (página 5).

El río nevado

Tonalidad de ___ menor

N. Faber

Como un remolino, "a dos" (♩. = 80-100)

Lecciones y teoría, páginas 8-9 (Canción de la India)

18
22
26
mf
31
f
p
36
cresc.
f

Secreto técnico 3:
Círculos de muñeca

Calentamiento: *Desde la muñeca* (página 5).

Los semicírculos se pueden usar para alcanzar con suavidad teclas lejanas, como en este acompañamiento para la M.I.

- Suelta el dedo 5 mientras giras en el dedo 2.
- La muñeca debe levantarse con gracia para tocar con un pulgar *ligero*.

Semicírculos

Con gracia (♩ = 80-92)

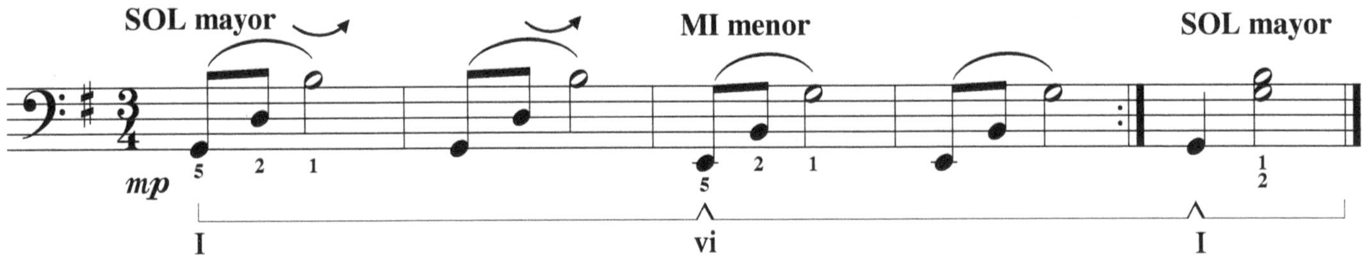

• ¿Puedes transponerlo a **DO mayor** y **FA mayor**?

Secreto técnico 1:
Alineamiento

Calentamiento: *La barra de equilibrio* (página 4).

Ecos de la India

Andante (♩ = 76-84)

Secreto técnico 4:
Staccato preciso

Calentamiento: *La máquina de staccato* (página 5).

Piruetas en *staccato*

Allegro moderato (♩ = 100-108)

DO mayor

Sigue tocando, empezando el patrón en MI, FA, SOL, LA, SI y DO.

Fíjate que según la **indicación de tempo** debes tocar en ritmo de *swing*.

Piruetas *swing* en *staccato*

***Swing* alegre**

DO mayor

Sigue tocando, empezando el patrón en MI, FA, SOL, LA, SI y DO.

Sobre las olas

Juventino Rosas
(1868-1894, México)
adaptación N. Faber

Vivo, a tempo de vals

To Coda
dim.
D.S. al Coda
M.D. 8va alta al repetir
Coda
loco
poco rit.
a tempo
subito

Secreto técnico 5:
Rotación

Calentamiento: *Gira la llave* (página 5).

Sprint con rotación

- Rota la M.D. mientras la M.I. hace los cruces con movimientos suaves en forma de arco.

Campanadas en la neblina

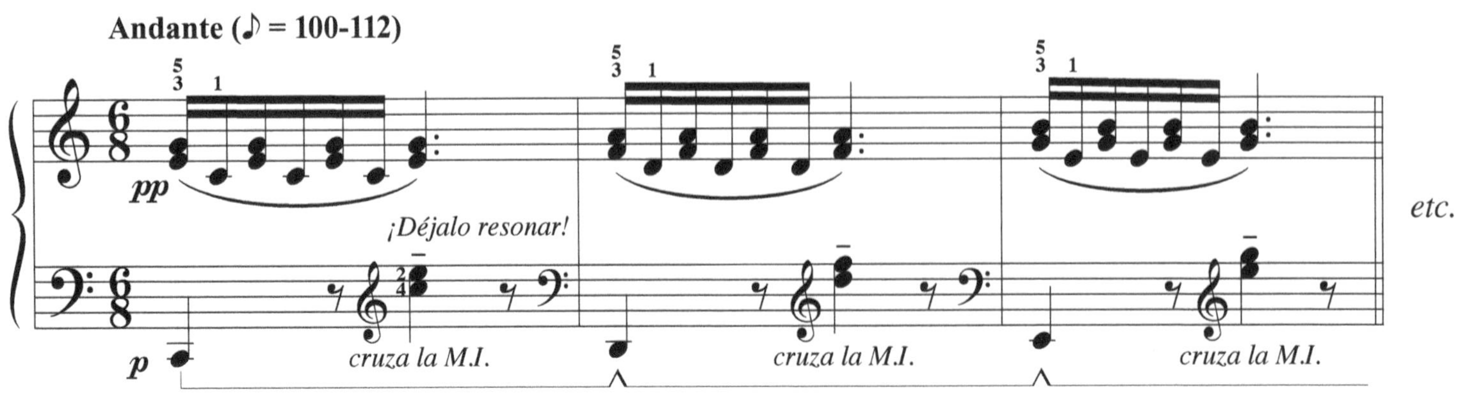

Sigue tocando, empezando el patrón en FA, SOL, LA, SI y DO.

Secreto técnico 4:
Staccato preciso

Calentamiento: *La máquina de staccato* (página 5).

Viento de escalas

Op. 599, No. 27

Tonalidad de ____ mayor

- Para lograr un ritmo preciso, escucha los *staccatos* de la M.I., como si fueran un metrónomo.
- Usa círculos pequeños y sutiles para alinear bien el antebrazo encima del dedo que está tocando.

Carl Czerny
(1791-1857, Austria)
versión original

____ ♩ = 60 *Andante* ____ ♩ = 80 *Moderato* ____ ♩ = 96 *Allegro*

- Observa las **cadencias** marcadas. ¿Puedes sentir los "puntos de reposo"?
- Al tocar, no olvides aplicar el secreto técnico #4, *Staccato preciso*.

Allegro grazioso

Albert Biehl
(1835-1899, Alemania)
versión original

Allegro grazioso (alegre, con gracia) (**♩ = 92-104**)

17
SOL
mp
V
21
SOL
a tempo
cresc.
rit.
f
p
V
25
legato
29
SOL7
DO
f
V7
I

Secreto técnico 2:

Caer para impulsar

Calentamiento: *Descarga de energía* (página 4).

Gestos "arabescos"

Allegro (♩ = 112-120)

Sigue tocando, empezando el patrón en RE, MI, FA, SOL y LA.

Allegro (♩ = 112-120)

Sigue tocando, empezando el patrón en SOL, FA, MI, RE y DO.

- Deja caer el peso de los brazos en cada uno de estos acordes resonantes. Luego sube o baja con elegancia hacia el siguiente.

Acordes en adagio

Tonalidad de ____ menor

Adagio (♩ = 52-60)

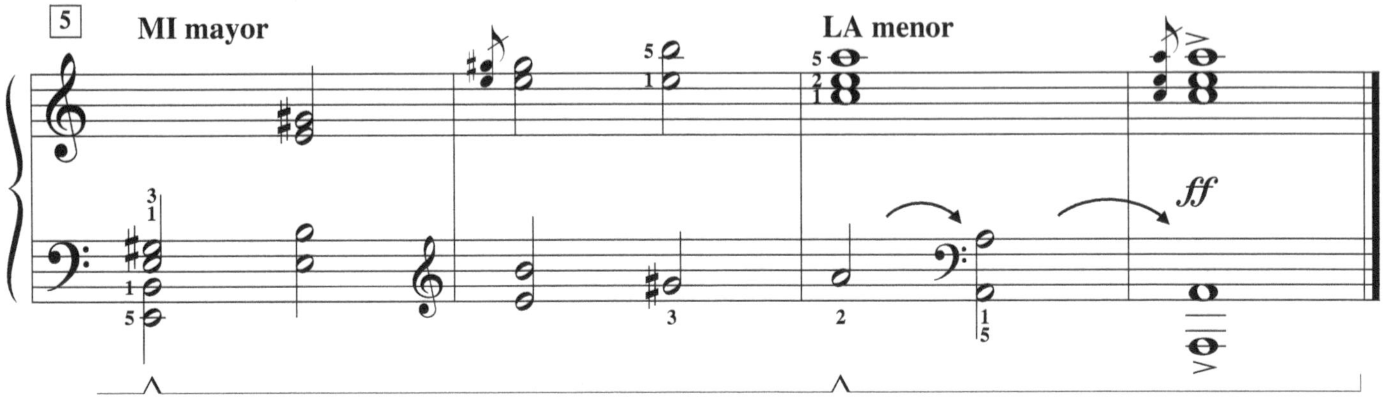

Secreto técnico 1:

Alineamiento

Calentamiento: *La barra de equilibrio* (página 4).

Gran ejercicio en LA menor

Escala menor armónica

Moderato (♩ = 112-144)

Lecciones y teoría, páginas 24-25 (Arabesco)

En *Cascadas de cristal* se usa una amplia paleta de sonidos, desde el ***piano*** inicial hasta el ***forte*** final.

- Ajusta el peso del brazo de acuerdo al matiz.
- No olvides aplicar los secretos técnicos #1, *Alineamiento*, y #2, *Caer para impulsar*. Estos dos secretos se complementan.
- En los *compases 8-9*, usa el secreto técnico #5, *Rotación*.

Cascadas de cristal

Tonalidad de ____ mayor/menor

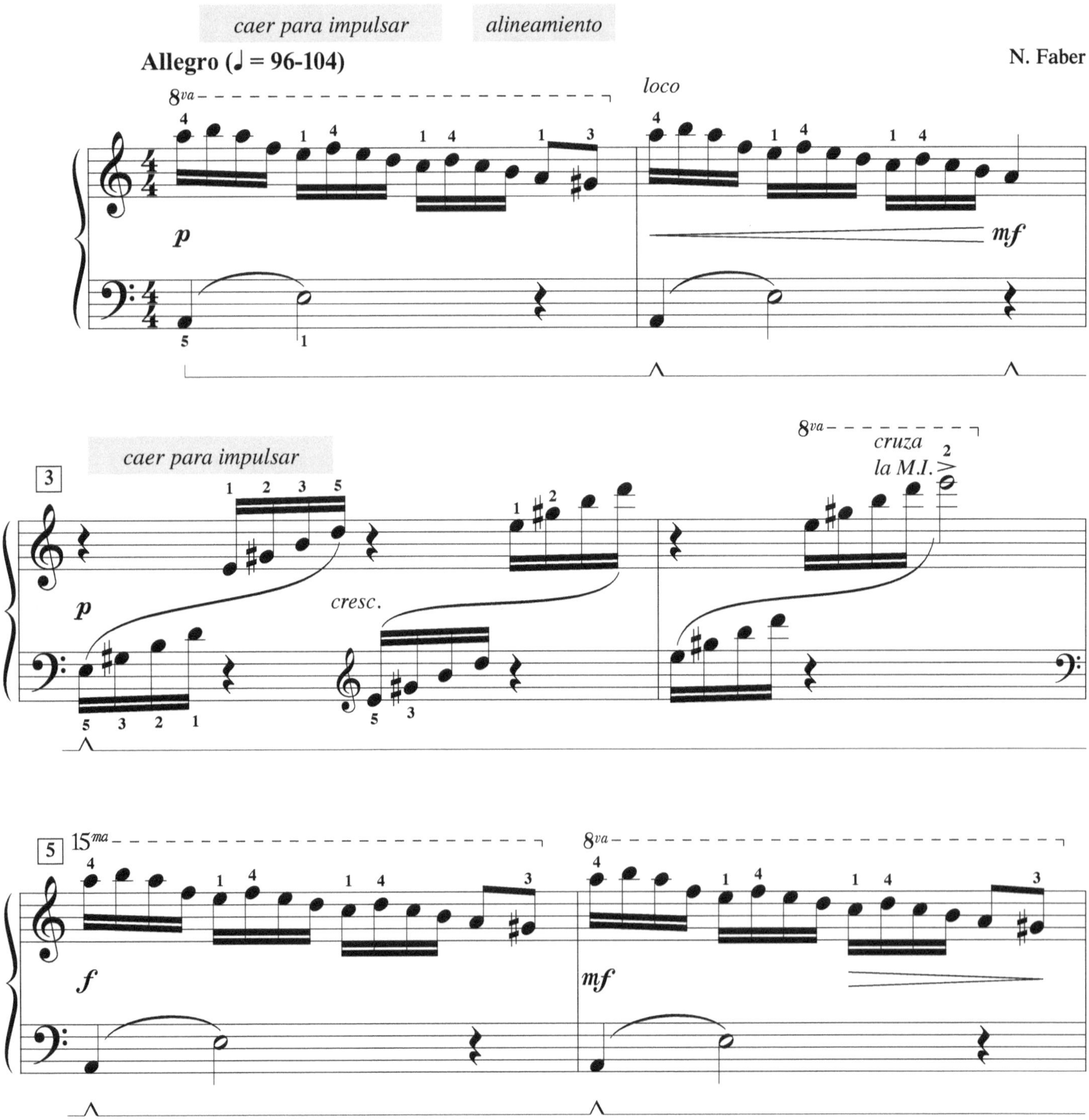

DESCUBRIMIENTO

¿En cuál línea de la música se usa únicamente el acorde de **V7**?

Secreto técnico 2:
Caer para impulsar

Calentamiento: *Descarga de energía* (página 4).

Máquina de octavas 1

Tonalidad de ___ mayor

- Deja caer el peso de la M.I. en cada una de las notas acentuadas. En las notas que no tienen acento, deja que las manos reboten *suavemente*.

Alegre (♩ = 80-120)

Máquina de octavas 2

Agresivo (♩ = 80-120)

Secreto técnico 1:

Alineamiento

Calentamiento: *La barra de equilibrio* (página 4).

Gran ejercicio en SOL mayor

Lecciones y teoría, páginas 30-31 (Escocesa)

Gavota en SOL mayor

(de la *Suite Inglesa No. 3, BWV 808*)

Johann Sebastian Bach
(1685–1750, Alemania)
versión original

Andantino (𝅗𝅥 = 48-56)

Gran ejercicio en MI menor

Escala menor armónica

- ¿Cuál de los **secretos técnicos** usarías en este ejercicio de escalas?

Lecciones y teoría, páginas 32-33 (Canto de los remeros del Volga)

Patrón de acordes en MI menor

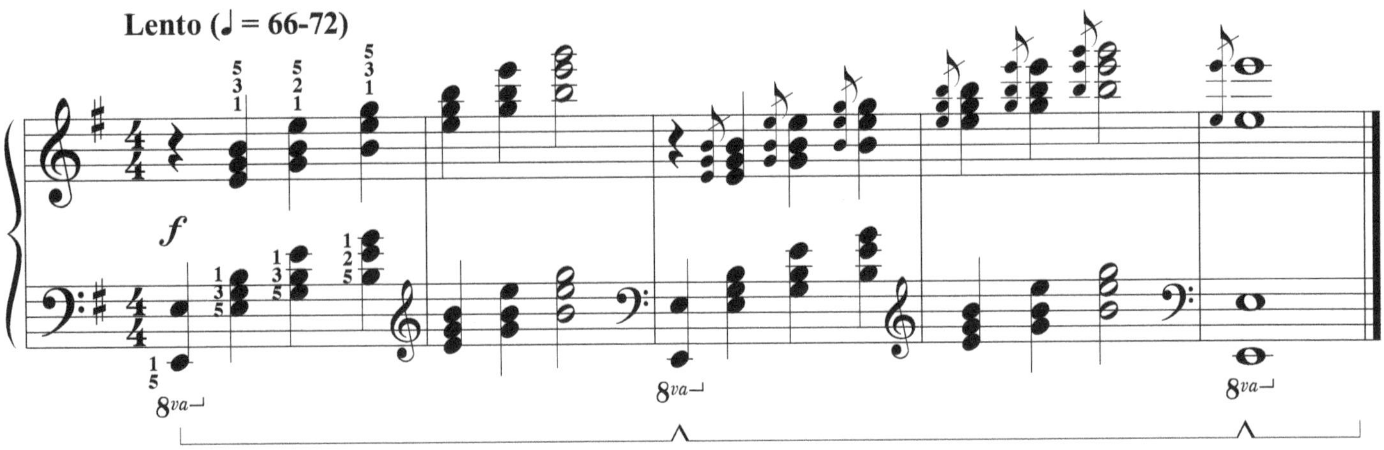

• ¿Puedes transponerlo a **SOL mayor**?

Secreto técnico 5:
Rotación

Calentamiento: *Gira la llave* (página 5).

Preludio en MI menor

Muzio Clementi
(1752–1832, Italia)
versión original

- Aplica el secreto técnico #3, *Círculos de muñeca*, para destacar la nota más alta de cada arpegio.

Armonía angelical

Op. 100, No. 21

Tonalidad de ____ mayor

Johann Friedrich Burgmüller
(1806–1874, Alemania)
versión original

Allegro moderato (♩ = 88-112)

Esta sección va a la relativa menor.
MI menor
cresc.
La música vuelve a
la tonalidad mayor.
SI
SOL
sfz
cresc.

DESCUBRIMIENTO Recuerda: las alteraciones accidentales son los sostenidos, bemoles o becuadros que no están incluidos en la armadura. Señala por lo menos seis alteraciones accidentales en esta pieza.

- ¿Cuáles de los **secretos técnicos** podrías usar en estos patrones de escalas?

Patrones virtuosos de escalas

Parejo y fluido (♩ = 88-100)

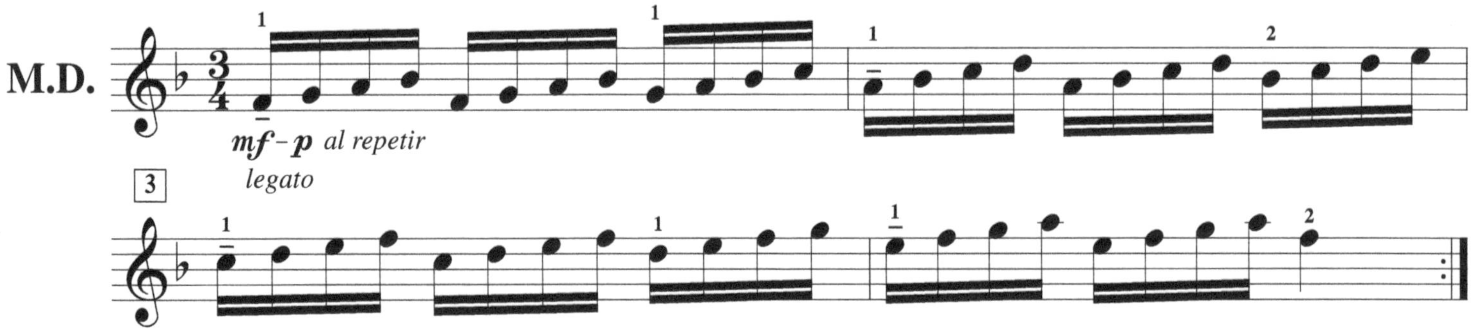

Parejo y fluido (♩ = 88-100)

Patrones virtuosos con las manos juntas

Parejo y fluido (♩ = 88-100)

Secreto técnico 4:

Staccato preciso

Calentamiento: *La máquina de staccato* (página 5).

Estudio de *staccato* en FA mayor

Molto allegro (♩ = 100-112)

- ¿Cuál de los **secretos técnicos** usarías para este ejercicio de escalas?

Gran ejercicio en RE menor

Escala menor armónica

Moderato (♩ = 112-144)

Estudio de concierto

Op. 82, No. 80

- Aplica el secreto técnico #3, *Círculos de muñeca*, para darles más elegancia a tus movimientos.

Cornelius Gurlitt
(1820–1901, Alemania)
versión original

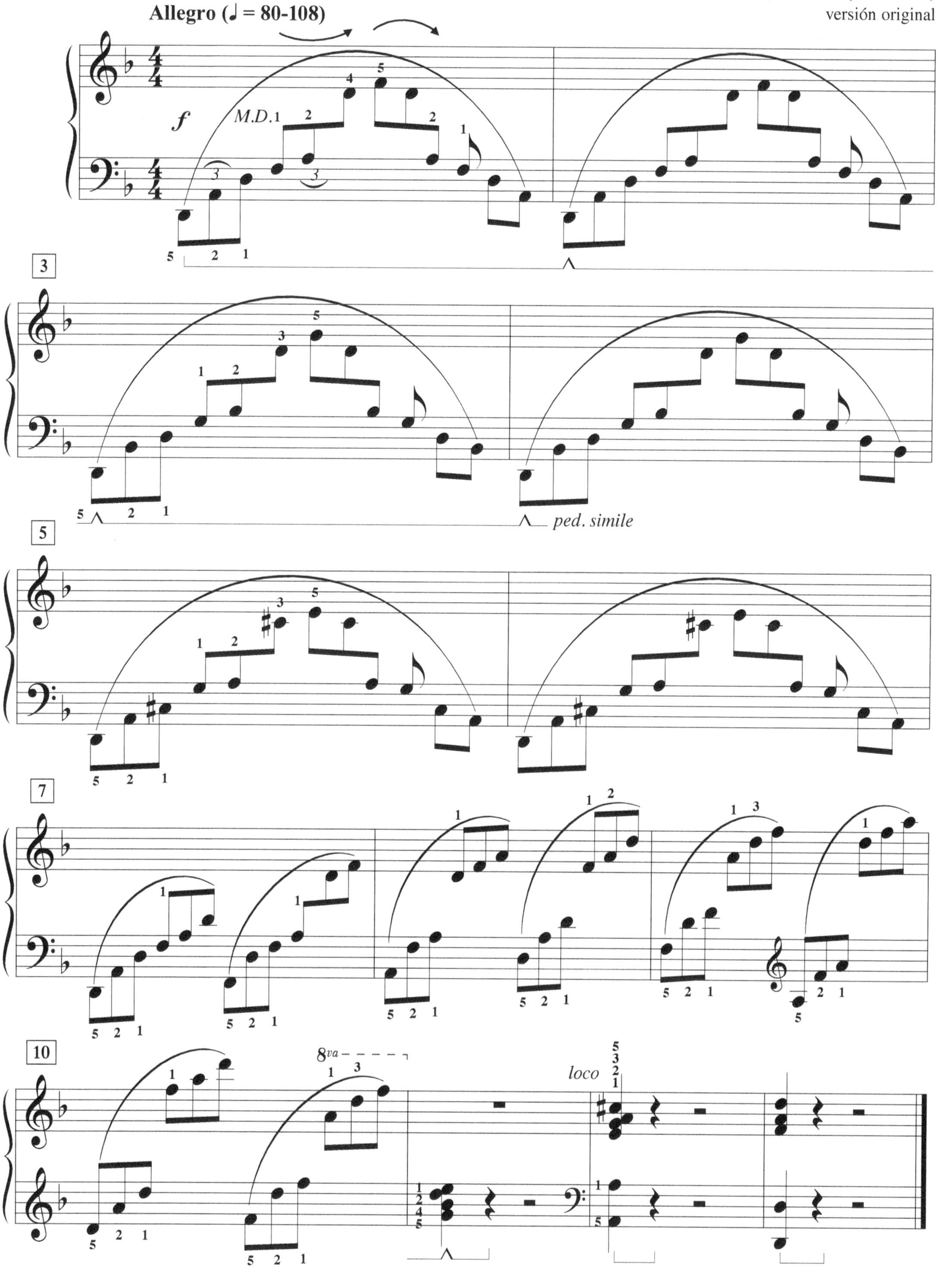

Lecciones y teoría, páginas 43-45 (Canción de amor de Kanding)

Canción de la hilandera

Op. 14, No. 4

- Aplica el secreto técnico #4, *Staccato preciso*, para más expresividad.

Albert Ellmenreich
(1816–1905, Alemania)
versión original

 Lecciones y teoría, páginas 46-47 (Vals en FA)

27
p
32
mp
37
43
mf
48
p

DESCUBRIMIENTO

Marca las secciones de esta pieza: **A B A Coda**.

Gran ejercicio en RE mayor

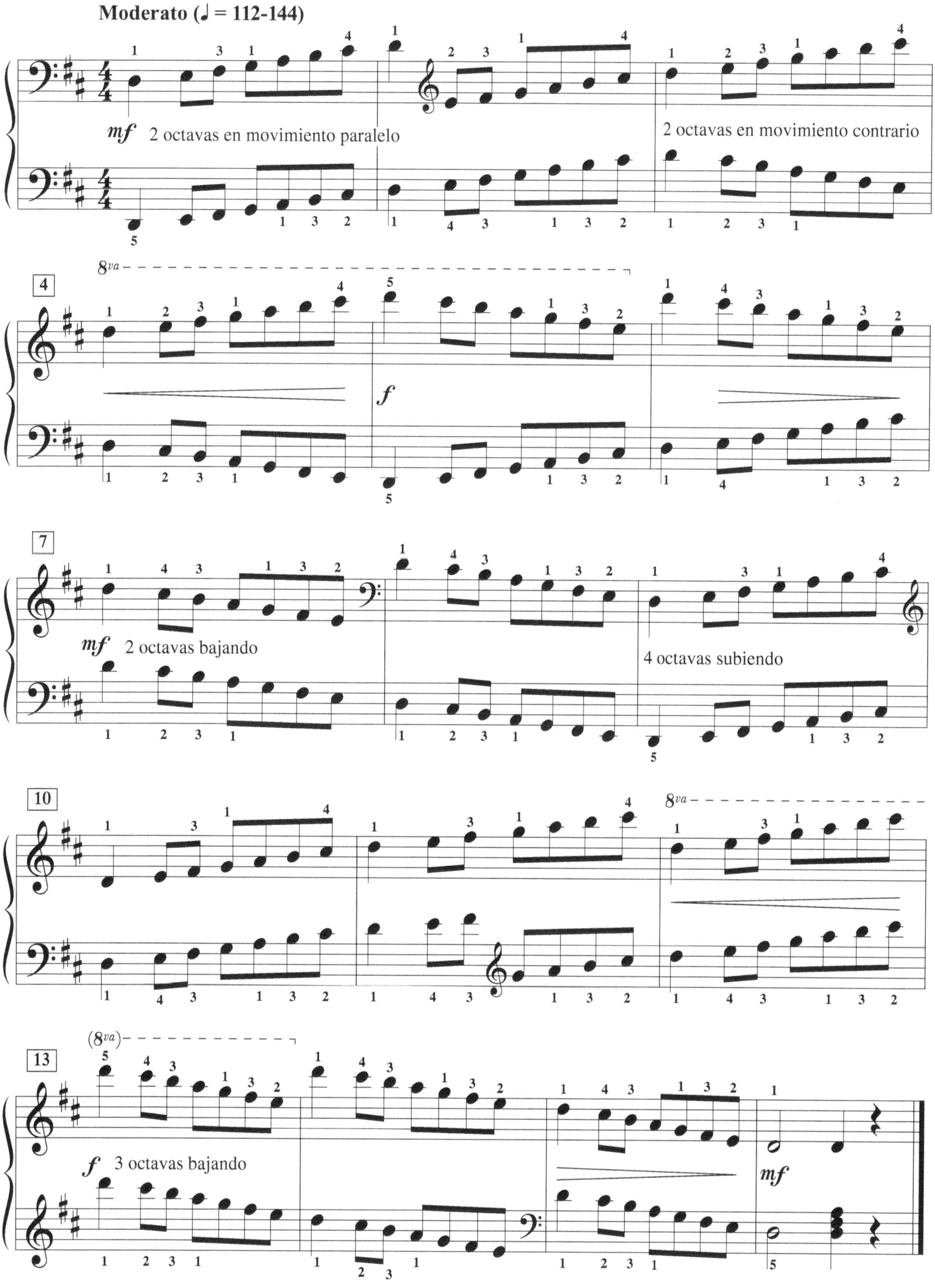

Lecciones y teoría, páginas 52-53 (*Musette* en RE mayor)

Patrón de acordes en RE mayor

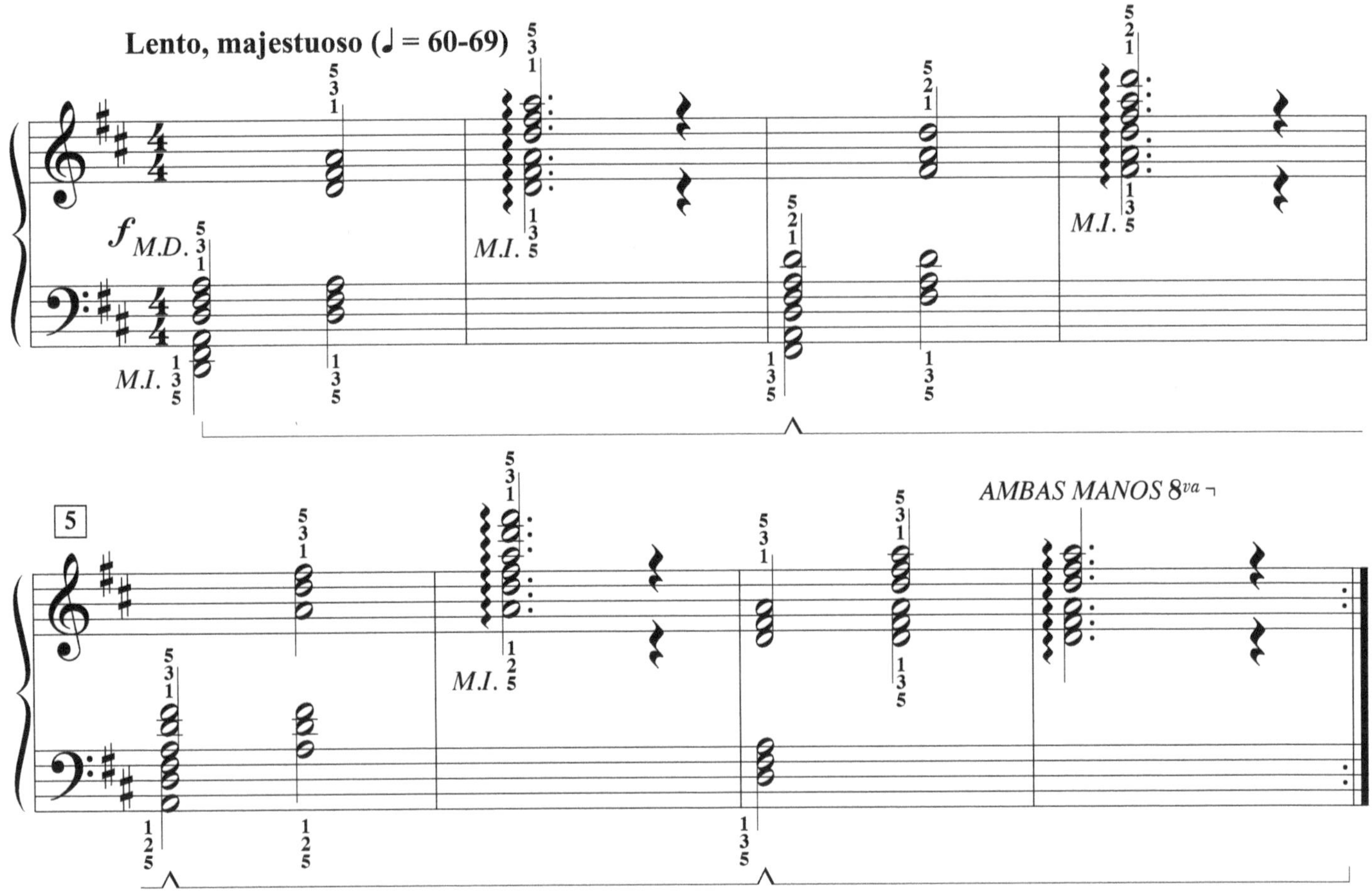

Secreto técnico 4: *Staccato* preciso

Calentamiento: *La máquina de staccato* (página 5).

Marcha primaveral en RE mayor

Op. 599, No. 51

Carl Czerny
(1791-1857, Austria)
versión original

 Lecciones y teoría, páginas 54-56 (*'O sole mio*)

Dedos velocistas en LA mayor

- Usa pequeños *Círculos de muñeca* para un mejor alineamiento.
- Usa la *Rotación* en el compás 3.
- Transpón los ejercicios a otras tonalidades: **DO mayor**, **SOL mayor** y **RE mayor.**

Allegro moderato (♩ = 92-108)

Allegro moderato (♩ = 92-108)

Secreto técnico 2:

Caer para impulsar

Calentamiento: *Descarga de energía* (página 4).

Escalas en octavas: LA mayor

- Deja caer el peso de la M.I. en cada una de las notas acentuadas. En las notas que no tienen acento, deja que las manos reboten *suavemente*.

Alegre (♩ = 80-92)

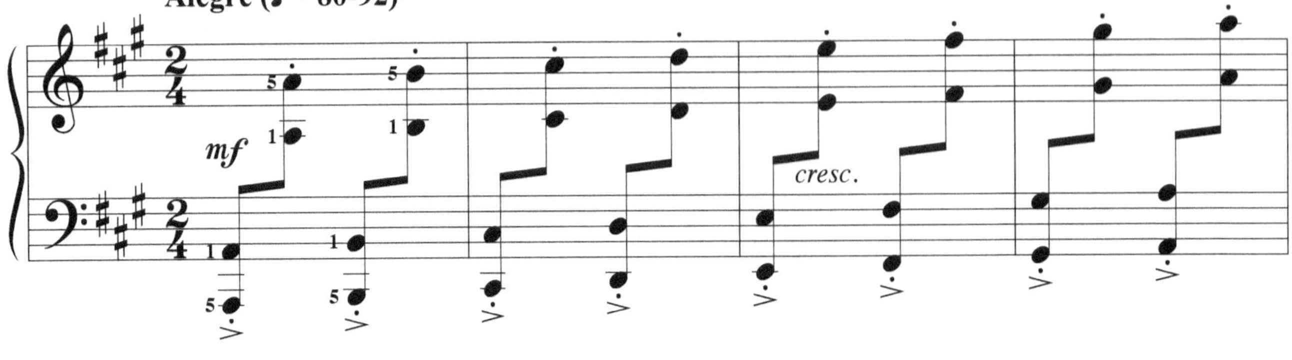

Lecciones y teoría, página 58 (Estudio en LA mayor)

• Transpón este ejercicio a otras tonalidades: **DO mayor**, **SOL mayor** y **RE mayor**.

O mio babbino caro

de *Gianni Schicchi*

Tonalidad de ____ mayor

Giacomo Puccini
(1858–1924, Italia)
adaptación

Andante (♪ = 100-108)

12
p
15
18
pp
21
24
pp
rit.

Secreto técnico 2: Caer para impulsar

Calentamiento: *Descarga de energía* (página 4).

Carrera de inversiones en MI mayor

Allegro (♩ = 80-104)

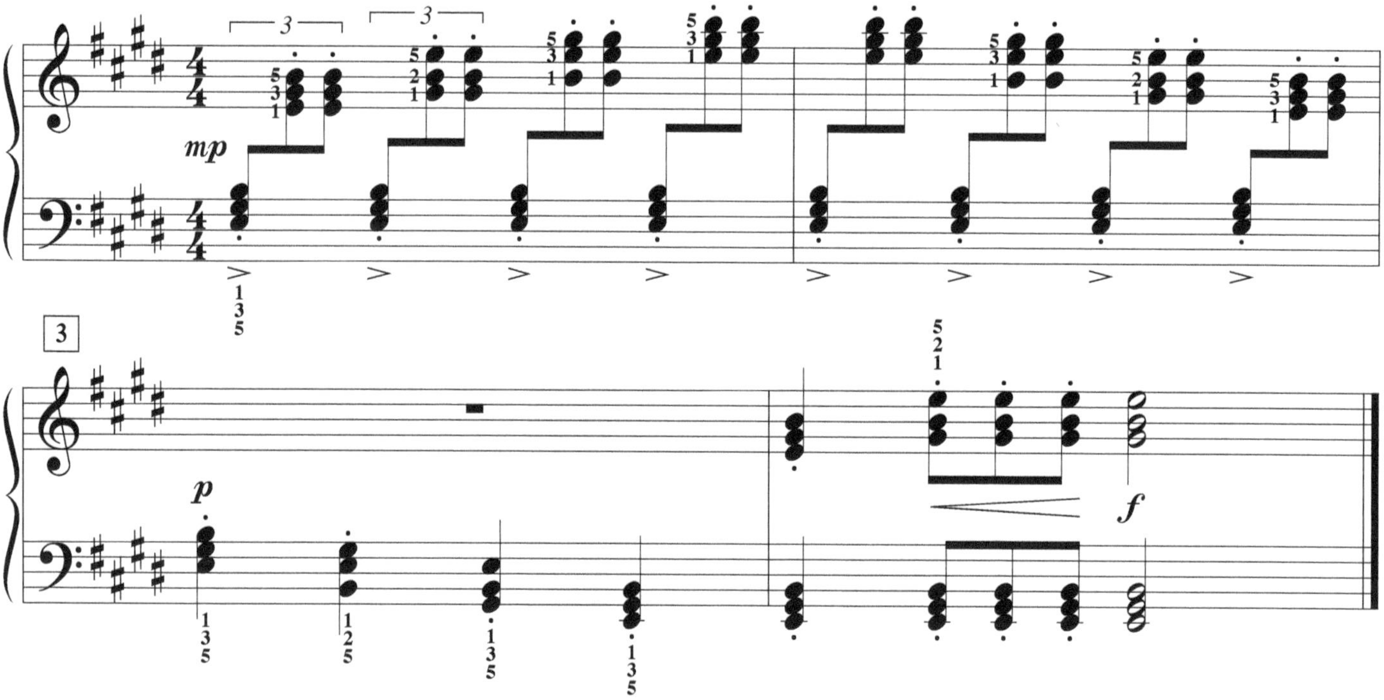

Secreto técnico 3: Círculos de muñeca

Calentamiento: *Desde la muñeca* (página 5).

Círculos arpegiados

Tonalidad de MI mayor

Moderato (♩ = 96-116)

Lecciones y teoría, páginas 64-66 (Tema de la Sinfonía No. 6)

Gran ejercicio en MI mayor

Lecciones y teoría, páginas 64-66 (Tema de la Sinfonía No. 6)

La pandereta

Tonalidad de ____ mayor

- En esta pieza rápida y rítmica, aplica el secreto técnico #4, *Staccato preciso*.

François Gossec
(1734–1829, Francia)
versión original

Allegro (♩ = 96-112)

DESCUBRIMIENTO

Observa la armonía en el *compás 17*. ¿Comienza con la **tónica** o con la **dominante**?

Carrera de escalas en SI♭ mayor

Allegro (♩ = 144)

• ¿Cuál de los **secretos técnicos** usarías?

Círculos arpegiados en SI♭

Moderato (♩ = 96-116)

Lecciones y teoría, páginas 80-81 (Risoluto)

Preludio en SI♭ mayor

Opus 37, No. 5

- ¿Cuáles de los **secretos técnicos** puedes aplicar con la M.D.?

Giuseppe Concone
(1801-1861, Italia)
versión original

Allegro moderato (♩ = 92-120)

Cuando sale el sol...

Pon atención:

¿Estás tocando suavemente con la M.I. mientras la derecha "canta" la melodía?

Tonalidad de ___ mayor

N. Faber

Lecciones y teoría, páginas 82-83 (Vals de las rosas del sur)

DESCUBRIMIENTO

Escribe **I**, **IV** o **V** para marcar la armonía en los *compases 10-15*.

Secreto técnico 1:

Alineamiento

Calentamiento: *La barra de equilibrio* (página 4).

Relámpagos de escalas

Tonalidad de ____ mayor/menor

- Primero toca lentamente, resaltando los matices.
- ¿Qué tanto puedes acercarte a la velocidad indicada?

Molto Presto (muy rápido, ♩ = 144)

Tema de la Sinfonía No. 40

Tonalidad de ___ mayor/menor

- Aplica el secreto técnico #4, *Staccato preciso*, en el acompañamiento de la M.I.
- Toca suavemente, cerca a las teclas.

Wolfgang Amadeus Mozart
(1756–1791, Austria)
adaptación

Lecciones y teoría, páginas 87-89 (Minuet en SOL mayor/Minuet en SOL menor)

15
f
19
p
23
27
mp
30

DESCUBRIMIENTO

Escribe **i**, **iv** o **V7** para indicar la armonía en los *compases 1-10*.

Secreto técnico 3:
Círculos de muñeca

Calentamiento: *Desde la muñeca* (página 5).

Pinceladas en MI♭ mayor
(para la M.I.)

Pistas para los acompañamientos con la M.I.

- Para hacer los semicírculos de manera relajada, levanta el dedo 5 mientras pasas por el dedo 2.
- Toca con el pulgar *liviano* mientras elevas la muñeca.

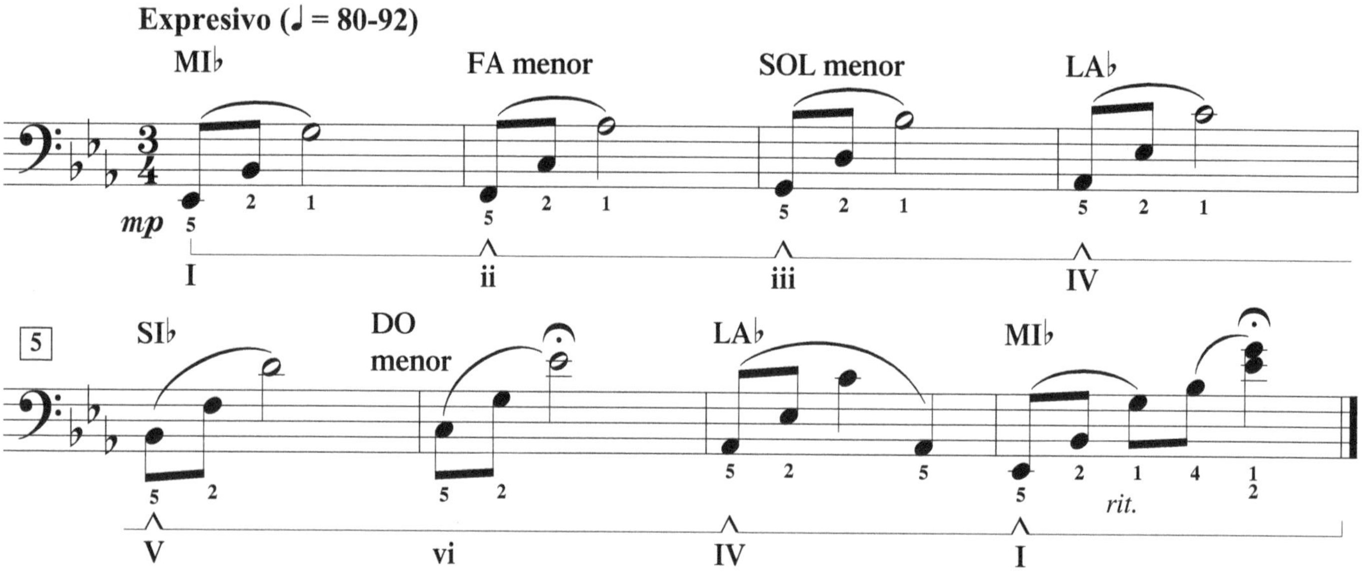

- Usa la **rotación** para tocar los pasajes de la M.D. Al girar la mano cuando toques con el dedo 5, el pulgar quedará en posición alta.

Un cuadro hermoso

- ¿Puedes transponer esta página a las tonalidades de **MI**, **FA** y **SOL mayor**?

Lecciones y teoría, páginas 94-95 (Vals en MI♭ mayor)

Preludio tormentoso

Opus 37, No. 8

Tonalidad de ____ mayor/menor

- Los siguientes secretos técnicos te ayudarán en esta pieza:

#2 Caer para impulsar

#5 Rotación

Enérgico (♩ = 88-100)

Giuseppe Concone
(1801-1861, Italia)
versión original

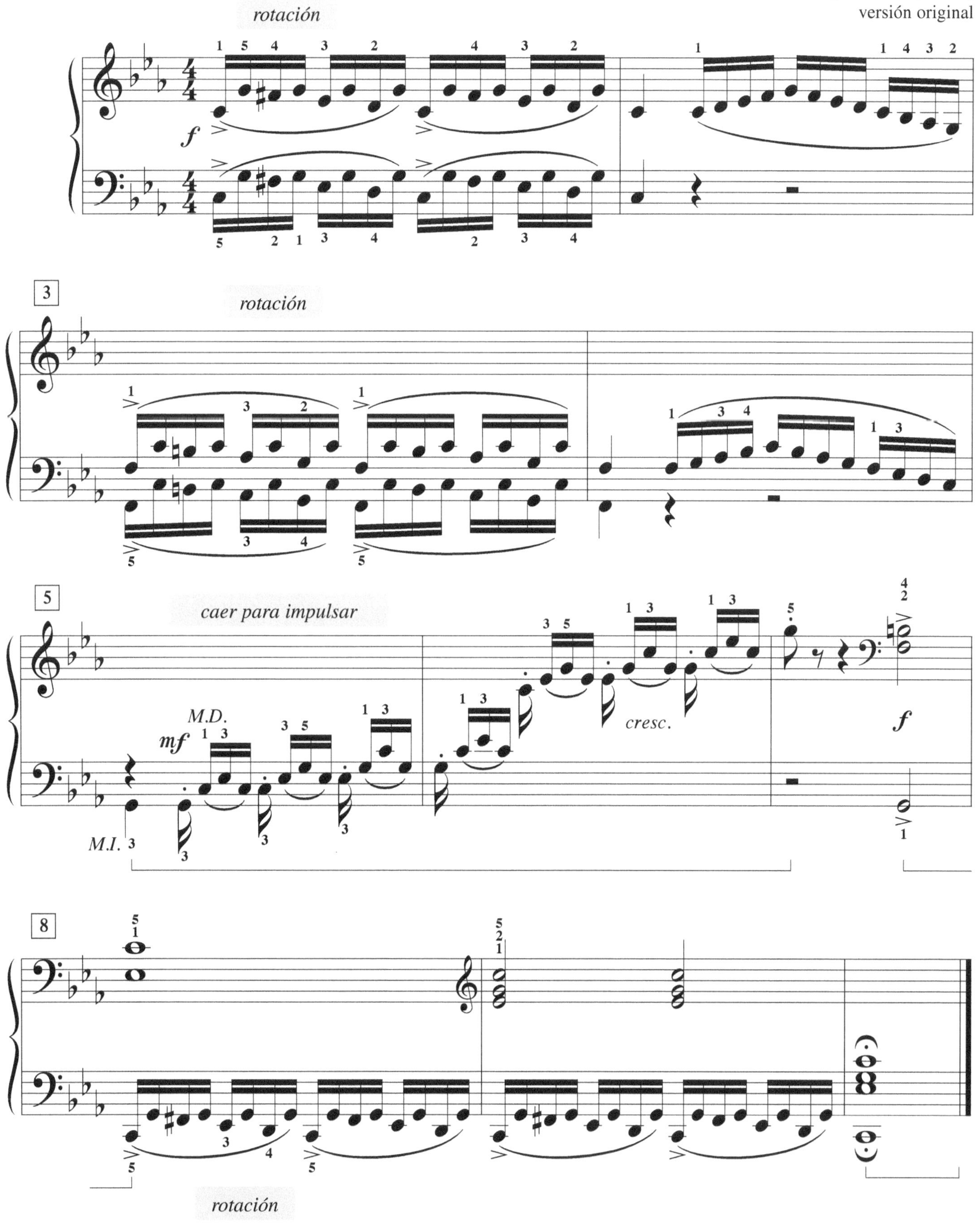

Lecciones y teoría, páginas 96-97 (Danza húngara No. 5)

Esta pieza presenta dos planos sonoros diferentes:

- Las notas acentuadas deben sonar con claridad y alegría.
- Estos acentos deben contrastar con las oleadas sonoras incesantes de acordes quebrados y escalas.

Fantasía carillón

Tonalidad de ____ mayor

Rápido y alegre (𝅗𝅥 = 84-92)

R. Faber

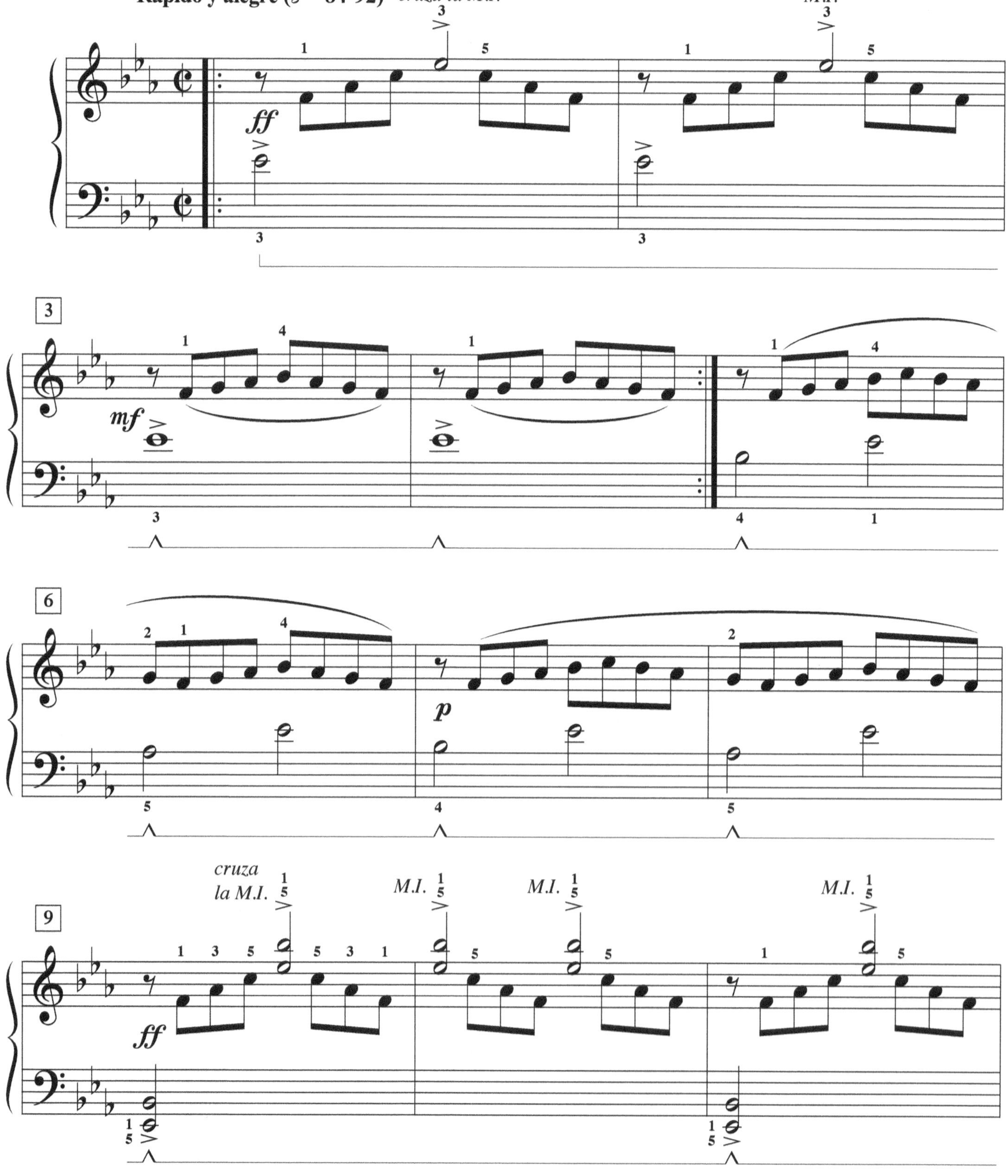

 Lecciones y teoría, página 98 (¿Qué tanto sabes de MI♭ mayor?)

DESCUBRIMIENTO

Señala dos lugares en la partitura donde las ideas musicales de los *compases 1* y *2* se repiten más adelante en la pieza.

El palacio misterioso

Op. 100, Estudio XIX

Tonalidad de ____ menor

En esta pieza, para lograr un ambiente hipnótico y misterioso, se usa la repetición prolongada de la misma nota. Esto se llama **nota pedal**.

- En los *compases 1-6* la M.D. toca suavemente una nota pedal de SOL con el dedo 5.
- En los *compases 9-11* la M.I. toca una nota pedal de SI♭ en la voz media.
- En los *compases 17-20* la M.I. toca la nota pedal en el bajo (esta es la manera más común de usarla).

Henri Bertini
(1798-1876, Francia)
adaptación

Andante (♩ = 66-72)

 Lecciones y teoría, página 99 (Escribe las escalas de DO menor)

DESCUBRIMIENTO

¿La nota pedal de los *compases 17-20* está sobre **I** o **V**?
Ahora encuentra el lugar donde el bajo desciende así: **FA-MI♭-RE-DO-SI♭-LA♭-SOL**.

- Apréndete bien las notas y las digitaciones en un tempo l-e-n-t-o.
- Luego practica con metrónomo, primero lentamente y luego cada día un poco más rápido.

Escalas olímpicas en LA♭ mayor

Suave y fluido (♩ = 100-144)

Lecciones y teoría, páginas 101-103 (Marcha nupcial)

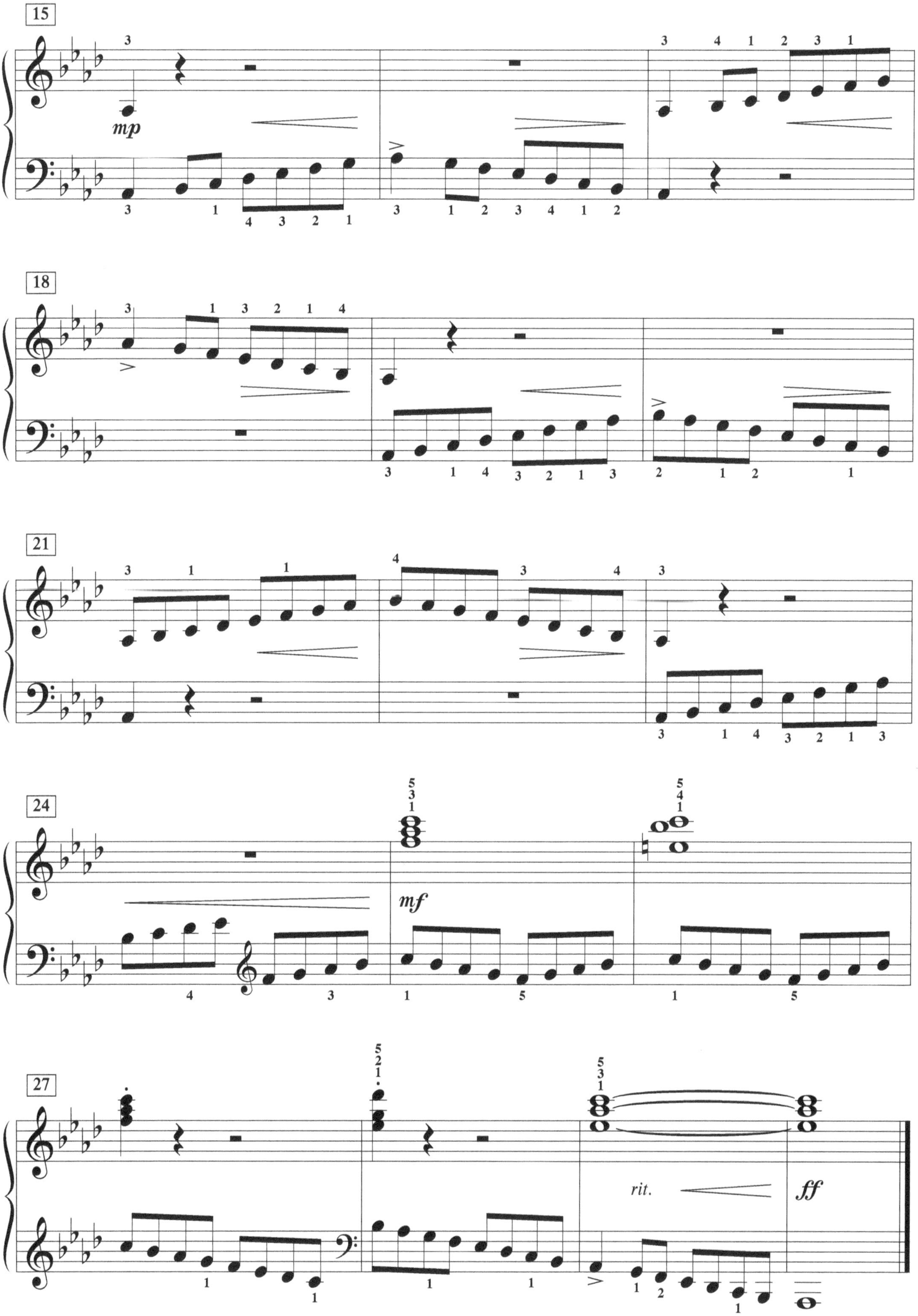
15
mp
18
21
24
mf
27
rit.
ff

Secreto técnico 2:

Caer para impulsar

Calentamiento: *Descarga de energía* (página 4).

Carrera de inversiones en LA♭ mayor

Allegro (♩ = 88-112)

Máquina de octavas en LA♭ mayor

Alegre (♩ = 88-120)

Preludio virtuoso en LA♭ mayor

Opus 37, No. 9

Giuseppe Concone
(1801-1861, Italia)
versión original

Rápido (♪ = 100-116)

Lecciones y teoría, páginas 104-105 (Nocturno)

Finlandia

- Primero practica con manos separadas usando el pedal. ¡Recuerda los bemoles!: SI♭, MI♭, LA♭, RE♭.
- Luego toca con las manos juntas y usa los ⟨crescendo⟩ y ⟨decrescendo⟩ para darles forma a las frases de esta hermosa melodía.

Tonalidad de ___ mayor

Jean Sibelius
(1865-1957, Finlandia)
adaptación

Moderato (♩ = 72-84)

Lecciones y teoría, páginas 106-107 (¿Qué tanto sabes de términos musicales, escalas, acordes, tonalidades y ritmos?)

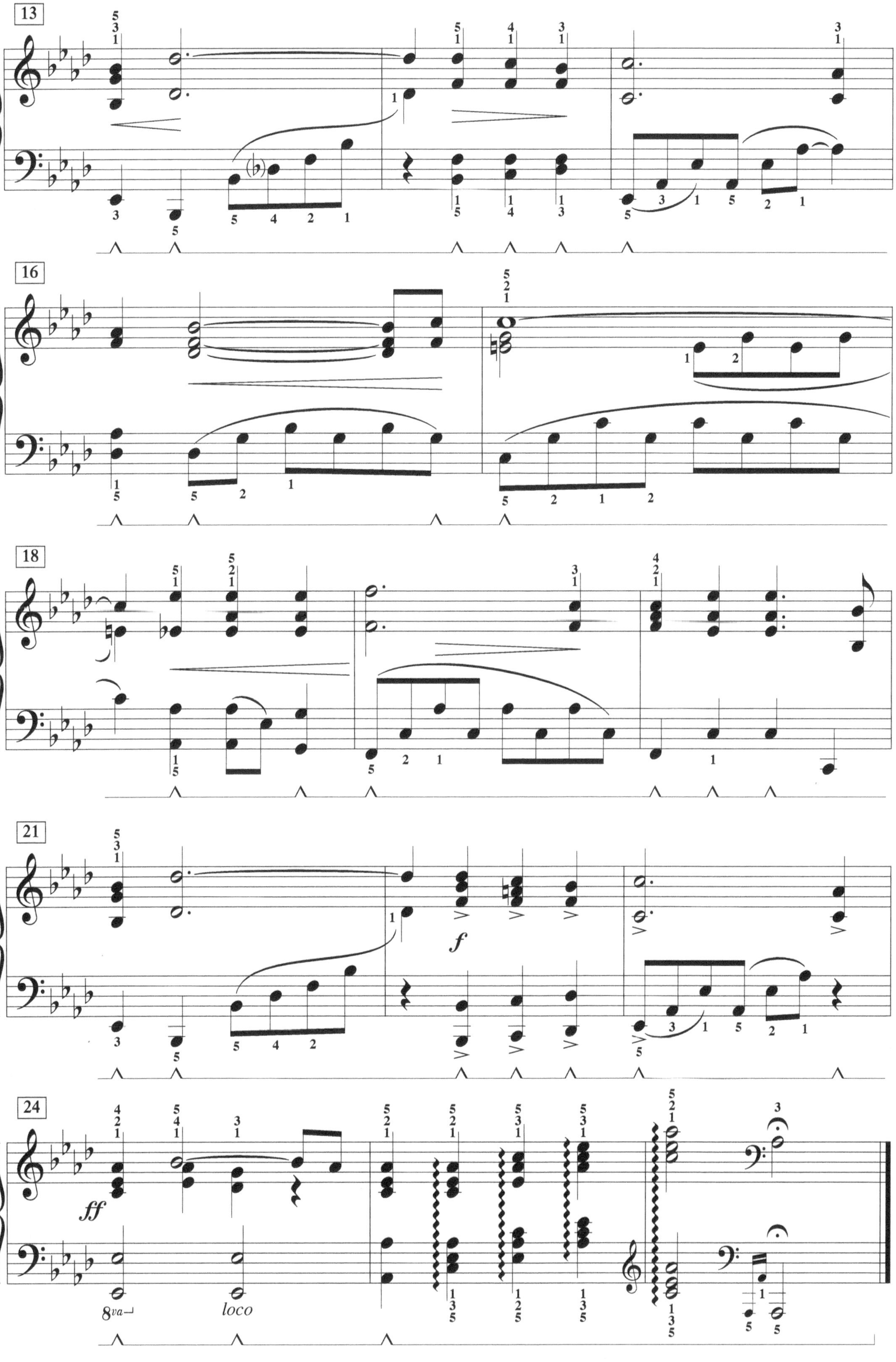
13
16
18
21
f
24
ff
8va
loco

Secreto técnico 5:
Rotación

Calentamiento: *Gira la llave* (página 5).

Explosión de intervalos

- Prepara ambas manos y toca sin parar.

Vivace (♩ = 80-100)

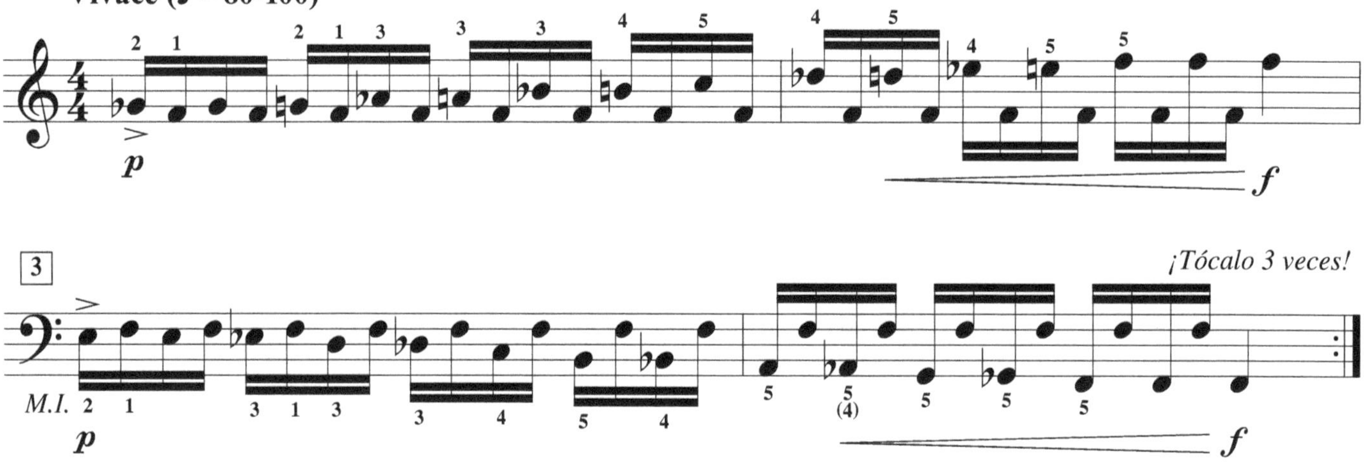

Secreto técnico 2:
Caer para impulsar

Calentamiento: *Descarga de energía* (página 4).

El explorador de acordes

Mayor, menor, disminuido, aumentado

Allegro, "en dos" (♩. = 108-120)

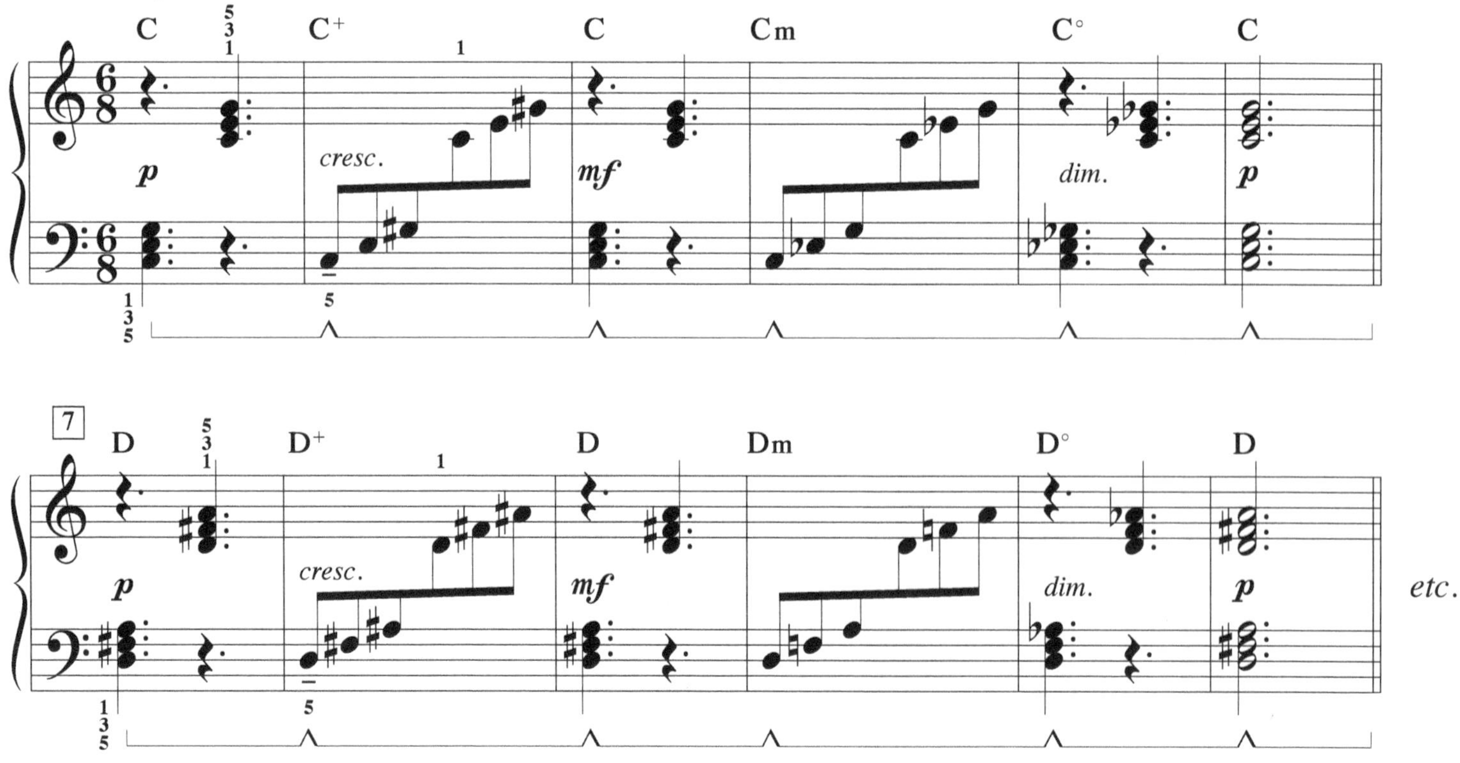

Sigue SUBIENDO por el teclado, empezando el patrón en los acordes mayores de MI, FA, SOL y LA.

El bolero español es una danza lenta en $\frac{3}{4}$.

Fíjate en la **nota pedal** de DO que usa Ravel en este bolero, su pieza orquestal más famosa.

Bolero

Maurice Ravel
(1875–1937, Francia)
adaptación

Moderato (♩ = 56-60)

Lecciones y teoría, página 115 (Inocencia)

13
16
19
mp
22
G°
(SOL disminuido)
25
crescendo poco a poco

28
32
crescendo poco a poco
35
f
38
cresc.
41
ff

Secreto técnico 3:

Círculos de muñeca

Calentamiento: *Desde la muñeca* (página 5).

Arpegios virtuosos No. 1

Sigue subiendo por las teclas blancas (FA, SOL, LA, SI y DO).

Sigue subiendo por las teclas blancas (FA, SOL, LA, SI y DO).

El torbellino

Op. 141, No. 14

Cornelius Gurlitt
(1820–1901, Alemania)
versión original

Lecciones y teoría, páginas 120-122 (Las olas del Danubio)

- Usa un solo círculo de muñeca para tocar cada arpegio de 2 octavas.

Arpegios virtuosos No. 2

Allegro moderato (♩. = 92-108)

Arpegios virtuosos No. 3

Allegro (♩. = 108-132)

Sigue subiendo, tocando arpegios menores que comienzan en teclas blancas (DO menor, RE menor, MI menor, FA menor, SOL menor y LA menor).

Für Elise

Ludwig van Beethoven
(1770–1827, Alemania)
versión original

Poco moto (un poco movido) (♪ = 108-132)

*Este MI se puede tocar con el pulgar de la M.D.

20
1.
2.
poco rit.
23
mf a tempo
p
26
30
33
p

36
p
40
ped. simile
45
mp
49
53
p

57
p
61
65
p
69
cresc.
mf
dim.
73

8va
(8va)
pp
p
mp

Certificado de mérito

FELICITACIONES A:

____

(Escribe tu nombre)

Has terminado el

Nivel 6 de Piano Adventures®

LIBRO DE TÉCNICA E INTERPRETACIÓN

Profesor: _______________________________________

Fecha: ____